La généalogie des dieux grecs.

Autrice-Julia Agrippine DESSE

À Franck, un soutien sans faille.

Et à ma grand-mère Colette.

Chapitres

Auteurs et Livres de référence principale

1-Hésiode auteur grec du VIIIe siècle av. J-C, La Théogonie et Les Travaux et Les Jours.

2-Homère auteur grec du VIIIe siècle av. J-C, l'Iliade et l'Odyssée.

3-Ovide auteur latin du Ier siècle avant et après J-C, Les Métamorphoses.

4-Pseudo-Apollodore écrivain du Ier ou du IIe siècle de notre ère, La Bibliothèque.

Chaos

(en grec ancien Χάος / Kháos)

Elément primordial

Le Chaos, faille béante en grec, est l'élément primordial qui précède toutes choses. Il ne s'agit en aucun cas d'une divinité.

Pour Ovide, dans *ses Métamorphoses*, il s'agit d'une masse informe et confuse qui n'était qu'un poids inerte, amas de germes et d'éléments disparates. Hésiode, dans *sa Théogonie,* nous parle du Vide donnant la vie.

De cet élément naquit la première génération des dieux, dite primordiale. C'est ainsi que furent créés Nyx, Erèbe, Eros, Tartare et Gaïa, les premières divinités enfants issues du Chaos.

I Les premiers dieux

Nyx et Erèbe

La nuit et les ténèbres

Nyx la déesse primordiale de la nuit, et son frère Erèbe le dieu primordial des ténèbres sont les deux premières divinités à naître du Chaos.

ce sont des divinités Chthoniennes (de la terre), lui a pour demeure le monde souterrain et elle le pays au-delà d'Atlas en extrême occident.

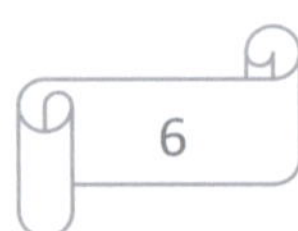

Plus tard, Zeus punit Erèbe pour le soutien qu'il apporte aux Titans, fit de lui l'un des fleuves des enfers.

Les auteurs antiques ne sont pas d'accord quant à la liste de leurs enfants. Tous sont d'accord de leur parenté sur Ether et Héméra. Pour les autres enfants de Nyx, ils seraient nés d'elle seule par autofécondation.

Nyx est la mère du monde invisible, immatérielle.

Eros

Le désir

Eros le dieu primordial du désir sexuel, est lui aussi issu du Chaos et c'est lui qui incite ses frères et sœurs à s'unir pour engendrer de nouvelles générations.

Dans notre langage aujourd'hui nous lui devons le mot érotisme. Eros quant à lui restera sans compagne, ni enfant.

Il faut savoir qu'il existe deux divinités prénommées, Eros le dieu primordial issu du Chaos et Eros le dieu de l'Amour fils d'Aphrodite et d'Arès.

Tartare

Le gouffre béant

Tartare est un dieu primordial issu du Chaos, il représente un gouffre béant, insondable, et deviendra avec le temps un lieu des enfers.

Un lieu terrible à la porte de fer et au seuil de bronze où sont enfermés les pires criminels et les dieux déchus.

Il fut le père de deux monstres, Typhon et Echidna, les parents de quasiment tous les monstres de la mythologie. Qu'il engendra avec sa sœur Gaïa.

Gaïa

La terre

Gaïa est elle aussi une déesse primordiale, divinité Chthonienne par excellence, car elle symbolise la terre (la déesse mère). Elle est l'ancêtre maternelle des races divines, engendrant aussi quelques monstres.

Elle fut la mère seule d'Ouranos (le ciel), mais aussi de Pontos (les flots) ainsi que des Ouréa (les montagnes), avec Ouranos, elle engendre la seconde génération des dieux, les Titans ainsi que les Cyclopes et les Hécatonchires. Avec Pontos, elle engendre d'autres divinités marines et avec

Tartare, son frère les deux monstres Typhon et Echidna.

Gaïa tient une place à part dans la mythologie, Terre-mère divinité de la fécondité et protectrice de la multiplication des hommes.

Gaïa est la mère du monde visible, matériel.

II Les enfants de Nyx et d'Erèbe puis de Nyx seule.

Ether et Héméra

Le ciel supérieur et le jour

Ether dieu du ciel supérieur, et sa sœur Héméra déesse du jour, sont deux autres divinités primordiales. Lui est l'air pur respiré par les dieux et elle la lumière terrestre. Ils sont les parents d'une autre divinité primordiale, Thalassa.

Charon

Le nocher des enfers

Charon le nocher des enfers, celui qui aide les morts à traverser le Styx pour gagner l'autre rive. Fils de Nyx seul où pour certains auteurs, fils d'Erèbe.

Homme à l'apparence âgé, sale et revêche, il ne laisse passer que des morts ayant reçu une sépulture et avec une obole pour le passeur. Sinon, vous devez patienter un siècle sur la rive avant qu'il n'accepte de vous faire passer.

Némésis

La justice divine

Némésis la déesse de la justice, mais divine du châtiment céleste.

Fille de Nyx seule où pour certains auteurs, fille d'Erèbe.

Elle est l'une des rares divinités anciennes à avoir reçu un culte. D'après Hésiode, Némésis est « le fléau des hommes mortels ».

Moros et les Kères

La mort violente, le destin implacable

Moros est une divinité de la mort violente, du destin implacable. Il est fils de Nyx. Il est cité dans la *Théogonie* comme « l'odieux Moros », il est bien souvent associé à ses sœurs les Kères.

Les Kères sont des divinités malfaisantes et infernales, fille de Nyx. Elles ont pour rôle de parcourir les champs de bataille et de boire le sang des morts.

Hypnos et Thanatos

Le sommeil et la mort

Hypnos et Thanatos sont deux frères jumeaux, fils de Nyx.

Hypnos est la personnification du sommeil, père des Oneiroi qu'il engendre avec sa mère.

Les Oneiroi, les mille divinités des songes dont la plus célèbre n'est autre que Morphée le dieu des rêves, mais il existe aussi Phobétor dieu des cauchemars, et Phantassos.

Thanatos est la personnification de la mort, il conduit les âmes des défunts aux enfers.

Les Moires

Le destin

Les Moires, les trois divinités du destin, fille de Nyx.

Clotho la fielleuse qui débute le fil de ta vie,
Lachésis la réparatrice qui fait défiler le fil de ta vie
et Atropos l'inflexible qui coupe le fil de ta vie.

Eris

La Discorde

Eris la déesse de la discorde, fille de Nyx.

Tout comme sa mère, Eris engendre seule de
nombreux enfants, tous malfaisants.

Ponos (la peine), Léthé (l'oubli), Limos (la faim),
Phonoi et Makhai (les meurtres et les combats),
Dysmonie et Até (l'anarchie et les désastres), Algea
(les douleurs), Hysminai (les batailles), Androktasiai
(les tueries), Neikea (les querelles), Amphillogiai
(les disputes), Pseudologoi (les mensonges) et
Horkos (les serments).

Les autres enfants de Nyx sont :

Moïra (la destinée), Gèras (la vieillesse), Philotès (l'amour sexuel), Momos (le sarcasme), Apaté (la tromperie), Dolos (la ruse), Oisys (la misère), Epiphron (la prudence), Eléos (la pitié), Lyssa (la colère), Adicie (l'injustice) et Elpis (l'espoir).

Certaines de ces divinités furent placées dans la boite destinée à Pandore.

III Les enfants de Gaïa et de Tartare.

Typhon et Échidna

*Créature thérianthrope**

Thyphon est considéré comme un ouragan ou un monstre destructeur cracheur de feu. Échidna a une tête, un torse et des bras humains, mais le reste de son corps est un serpent. Fils et fille de Tartare et Gaïa, leur lieu de vie et le pays des Arines une montagne en Cilicie. Echidna est parfois considérée comme une Phrocyde, fille de Phorcys et Céto.

**Thérianthropie est la transformation d'un être humain en animal de façon complète ou partiel. Des créatures thérianthrope sont mi-humaine, mi-animal.*

Les auteurs ne sont pas tous d'accord quant à leur façon de mourir.

Typhon serait mort foudroyé par Zeus tandis qu'Échidna serait morte tuée par le géant Argos dans son sommeil.

Ils sont les parents d'une nombreuse progéniture, tous aussi dangereux que leurs parents, là aussi, les auteurs ne sont pas tous d'accord quant au nombre de leurs enfants.

Les enfants de Typhon et Échidna sont :

1- **Cerbère**, le chien à trois têtes, gardien de l'entrée des enfers, qui fut dompté par Héraclès.

2- la **Laie de crommyon**, une truie tueuse d'hommes qui fut vaincue par Thésée. Elle fut la mère du Sanglier de Calydon qui fut tué par Méléagre.

3- le **Renard de Teumesse**, qui terrorisera un temps la région de Thèbes, avant que Zeus ne le change en pierre.

4- le **Sphinx**, une créature au visage humain et au corps de lion, qui posait des questions aux voyageurs égarés et les dévorait, s'ils n'avaient pas la réponse. Œdipe, réussit à donner la bonne réponse au Sphinx, qui celui-ci, vexé, se donna la mort en sautant dans le vide.

5- l'**Hydre de Lerne**, créature au corps de serpent possédant cinq à neuf têtes. Elle fut tuée par Héraclès.

6- la **Chimère**, dont le corps était celui d'un lion et d'une chèvre avec une queue de serpent. C'est le héros Bellérophon qui tua la chimère avec le soutien de Pégase et de la déesse Athéna.

7- **Ladon**, est un serpent à cent têtes qui parlent toute une langue différente. Il fut placé aux côtés des Hespérides pour veiller sur le pommier aux pommes d'or d'Héra.

8- **Orthos**, est un chien bicéphale compagnon du géant Géryon.

Il fut lui aussi tué par Héraclès.

9- le **Lion de Némée**, est la première créature que doit affronter Héraclès lors de ses douze travaux. Il s'agit d'un lion à la peau invulnérable. Une fois le lion mort, le héros conservera cette peau comme trophée.

10- le **Dragon de Colchide**, est un serpent à qui fut confiée la garde de la Toison d'or. Le dragon endormi par Médée permet à Jason de voler la Toison.

11- l'Aigle du Caucase dit le chien ailé de Zeus, est un rapace qui cause chaque jour la punition du Titan Prométhée, puni par Zeus à être enchaîné en haut du mont Caucase, il lui dévore le foie chaque jour qui repousse chaque nuit. Héraclès, lors d'un de ses travaux, tue l'Aigle et libère Prométhée.

La Chimère

IV Les enfants de Gaïa seule.

Ouranos

Le ciel

Ouranos fils et amant de Gaïa, divinité primordiale représente le ciel et l'élément aérien.

Avec sa mère et amante, il engendre la deuxième génération des dieux ainsi que quelques monstres. Les Hécatonchires au nombre de trois ainsi que les Cyclopes, eux aussi au nombre de trois.

Puis les Titans, six fils Cronos, Céos, Crios, Océan, Japet et Hypérion. Et six filles Rhéa, Théia, Thémis, Théthys, Phébé et Mnémosyne.

C'est à la demande de Gaïa qui ne supporte plus d'être unie en permanence au ciel engendrant en elle ses enfants, que son fils Cronos émascule son père, créant ainsi un vide ou un espace entre le ciel et la terre. Où les enfants et créations de Gaïa pourront vivre et s'épanouir. Du sang de cette blessure naissent leurs derniers enfants, les Géants, les Erinyes et les Méliades.

Ouréa

Les montagnes

Les Ouréa dieux très mal connus, fils et filles de Gaïa seule, au nombre de treize, treize montagnes avec chacune un dieu. Lieu de retraite des nymphes dites oréades (la plus connue étant Echo).

Athos en Thrace (dieu), Cithéron en Béotie (dieu), Dicté en Crète (déesse), Etna en Sicile (déesse), Hélicon en Béotie (dieu), Ida crétois en Crète (déesse), Ida phrygien en Béotie (déesse), Laurion en Attique (dieu), Nysos en Béotie (dieu), Parnasse en Béotie (dieu) et Tmolos en Lydie (dieu).

Le mont Olympe et le mont Orthrys en Grèce en font partie, ils sont aussi le lieu de résidence des dieux Olympiens et des Titans.

Pontos

Les flots

Pontos fils et amant de Gaïa, divinité primordiale représente les flots et l'élément liquide. Il précède toutes les autres divinités marines.

Avec sa mère et amante, il engendre d'autres divinités liées à la mer, Nérée, Thaumas, Phorcys, Céto et Eurybie.

Avec sa femme et épouse Thalassa, fille d'Ether et Héméra, parèdre* de Pontos, il engendre les Telchines, ainsi que toutes les races de poissons et la nymphe Halia.

*un Parèdre est le ou la consort d'une déité, qui peut lui être égale ou complémentaire.

V Les enfants de Gaïa et de Pontos.

Nérée

Le vieillard de la mer

Nérée est une divinité primitive de la mer au même titre que ses frères, il naît des amours de Gaïa et de son fils Pontos.

Dieu connu pour sa justice bienveillante, d'où ses épithètes véridiques, bienveillant et sans mensonge ni oubli.

Il a pour épouse Doris une Océanides, qui lui donne les cinquante Néréides (des nymphes marines).

Voici les principales Néréides : Amphitrite et la néréide des eaux salées et l'épouse du dieu Poséidon, Calypso aux belles boucles et reine de l'île légendaire d'Ogygie et l'amante du héros Ulysse qu'elle retient pendant sept ans et à qui elle donne deux fils, Nausinoos et Nausithoos, Galatée à la peau blanche comme le lait et l'amoureuse du cyclope Polyphème et Thétis la néréide des générations et la mère du héros Achille.

Amphitrite, Calypso

Galatée et Thétis

Thaumas

Le merveilleux

Thaumas est une divinité primitive de la mer au même titre que ses frères, il naît des amours de Gaïa et de son fils Pontos. Dieu très mal connu, si ce n'est qu'il fut le père avec son épouse l'Océanides, Electre,

d'Arcé, la messagère des Titans qui, lors de la guerre entre les Titans et les Olympiens, prend parti pour les Titans et subit la colère de Zeus. Elle eut ses ailes arrachées et fut condamnée au Tartare.

d'Iris, la déesse arc-en-ciel, la messagère des Olympiens, aux ailes d'or et aux pieds aériens, à la différence de sa sœur, elle prend parti pour les Olympiens. Elle devient après la guerre la messagère des dieux et notamment d'Héra au même titre qu'Hermès. Il est dit que dans l'ombre d'Iris l'on peut voir sa sœur Arcé.

Et des Harpyes, des créatures malfaisantes, divinité de la dévastation, elles dévorent tout sur leur passage, ne laissant que des excréments. Elles sont au nombre de trois, Aello (la tempête), Ocypète (la rapide) et Podarge (aux pieds légers). La dernière Podarge est la seule à avoir une descendance avec Zéphyr le vent de l'ouest sous la forme d'une jument elle sera la mère de deux chevaux immortels, Xanthe et Balios, qui sont donnés plus tard à Achille.

Phorcys et Céto

Le monstrueux-la monstre marine

Phrocys et Céto sont frère et sœur, mais aussi mari et femme, fils et fille de Pontos et de Gaïa. Son nom à lui veut dire le monstrueux et le sien la monstre marine. Créature aquatique gigantesque proche de la baleine, Céto a donné son nom aux cétacés.

Ils sont les parents des Phorcydes.

Tout d'abord, les Grées ou les sœurs grises, leur nom signifie les vieilles femmes. Filles aînées et protectrices de leurs sœurs les gorgones. Elle représente l'écume des vagues.

Elles sont au nombre de trois, Enyo (la belliqueuse), Dino (l'effrayante) et Pemphédo (la méchante). Leur particularité est de n'avoir qu'un seul œil et une seule dent à se partager pour trois.

Ainsi que les Gorgones qui sont des divinités marines et des créatures fantastiques malfaisantes dont le regard a le pouvoir de pétrifier ceux qui les regardent. Elles sont au nombre de trois, deux immortelles Euryale et Sthéno et une mortelle Méduse la plus connue.

Méduse, dans un premier temps, était une jolie jeune fille, une gorgone, mais nullement le monstre qu'elle deviendra. Violée par Poséidon dans un temple d'Athéna, cette dernière la punit et Méduse devient une créature hideuse à la chevelure de serpents. Ce n'est qu'une fois décapitée par le héros Persée que naissent ses deux enfants, un cheval ailé divin ; Pégase et un jeune homme, Chrysaor. Ce dernier s'unit avec une Océanides Callirrhoé, parent du Géant au triple corps, Géryon.

Il y a aussi Thôosa, une nymphe marine amante du dieu Poséidon avec qui elle engendre le cyclope Polyphème.

Puis Scylla, une nymphe marine qui fut changée en monstre après s'être refusée à un dieu qui déçu, demande un filtre d'amour à Circé la magicienne, qui, jalouse de la beauté de Scylla, en profite pour la changer en monstre. Elle vit sur les bords du détroit de Messine en Italie où elle est associée à Charybde.

Eurybie

La vaste violence

Fille de Pontos et de Gaïa, elle est une divinité marine représentant la violence des mers. Elle est l'épouse du Titan Crios et la mère de nombreux autres Titans. (Voir Crios).

VI Les enfants de Gaïa et d'autres dieux.

Charybde

Charybde est la fille de Gaïa et du dieu Poséidon, jolie jeune fille habitant un rocher sur les bords du détroit de Messine en Italie. Elle avait un appétit vorace et avait l'habitude de voler des animaux pour les dévorer. Zeus finit par la punir en la changeant en gouffre marin. Associées avec Scylla, elles rendent le détroit de Messine hautement dangereux pour les marins.

Erichthonios

Erichthonios est le fils du dieu Héphaïstos et de Gaïa. Héphaïstos tente un jour de violer la déesse Athéna, sans succès. Son sperme se repend sur la cuisse de la déesse qui l'essuie et le jette au sol, ce qui féconde Gaïa. Ainsi naquit Erichthonios.

Athéna touchée par son apparence mi-homme mi-serpent, le recueille et l'élève. Il devient ainsi son fils adoptif. Plus tard, il sera roi d'Athènes.

VII Les enfants de Pontos et Thalassa.

Les Telchines

Dieux des tempêtes

Les Telchines sont des divinités inferieures rattachées à l'île de Rhodes, douées d'aptitudes créatrices et techniques. Ils sont associés aux tempêtes.

Halia

La mer salée

Halia est une nymphe représentant la mer salée, fille de Pontos et Thalassa. Elle est la mère de la nymphe Rhodé qu'elle engendre avec le dieu Poséidon, ainsi que de six fils, les dieux de l'ouest.

Sa fille Rhodé fut l'épouse du dieu Hélios, dieu tutélaire de l'île de Rhodes, et ils furent les parents de sept fils, les premiers habitants de l'île.

VIII Les enfants de Gaïa et d'Ouranos.

Les Cyclopes

Les Cyclopes dits ouraniens sont au nombre de trois, fils d'Ouranos et de Gaïa.

Brontès (le tonnerre), Stéropès (l'éclair) et Argès (la foudre).

Ce sont des créatures d'une très grande force physique avec la particularité de n'avoir qu'un seul œil au milieu du front. Leur père, terrifié par ses premiers enfants, décide de les enfermer au Tartare. Libérés par leur frère Cronos le temps de l'aider à vaincre leur père, ils retrouvent très vite leur prison. C'est Zeus qui fera appel à eux lors de

la guerre contre les Titans. Habille de leurs mains, ils fabriquent pour lui son Foudre. Créateur du Trident de Poséidon et du Casque d'invisibilité d'Hadès ainsi que de l'Arc d'Artémis.

Argès est le seul des trois à avoir une descendance avec la nymphe Phrygie qui lui donne trois fils, Atreneste, Atron et Deusus.

Les Hécatonchires

Les Hécatonchires sont au nombre de trois, fils d'Ouranos et de Gaïa.

Briarée (le redoutable), Cottos et Gygès.

Ce sont des créatures aux cent bras et cinquante têtes dites centimanes. Leur père terrifié par ses nouveaux enfants, décide de les enfermer au Tartare. Libérés par leur frère Cronos le temps de l'aider à vaincre leur père, ils retrouvent eux aussi très vite leur prison. Zeus fera appel à eux lors de la

Titanomachie. Après la guerre, ils deviennent les gardiens du Tartare où sont enfermés les Titans déchus.

Les Géants

Les Géants, fils d'Ouranos et de Gaïa. Ils naissent à la suite de la castration de leur père dont le sang tombe sur leur mère qui les engendre. Créatures dotées d'une très grande force physique et d'une taille gigantesque.

Les géants interviennent peu dans la mythologie, on les retrouve notamment lors de la Gigantomachie, la guerre qui les oppose aux dieux olympiens.

Les Erinyes

Les Erinyes, filles d'Ouranos et de Gaïa. Elles naissent à la suite de la castration de leur père dont le sang tombe sur leur mère qui les engendre.

Divinités persécutrices, trois d'entre elles nous sont connues, Mégère (la haine), Tisiphone (la vengeance), Alectro (l'implacable).

Les Méliades

Les Méliades, filles d'Ouranos et de Gaïa. Elles naissent à la suite de la castration de leur père dont le sang tombe sur leur mère qui les engendre.

Elles sont des nymphes des frênes, divinités protectrices des troupeaux et des enfants. Ce sont elles qui recueillent et élèvent Zeus nouveau-né.

VIII Les Titans.

Céos et Phébé

Le Nord et la brillante

Céos (celui qui pense, qui sait) et le Titan du Nord,
fils d'Ouranos et de Gaïa. Il épouse sa sœur la
Titanide Phébé (la brillante) l'une des divinités
associée à la lune. Le couple a deux filles, deux
Titanides, Astéria et Léto.

1- Astéria (l'Étoilée), elle épouse son cousin le Titan
Persès (voir Persès). Elle fut aimée de Zeus, mais
se refuse à lui et pour cela, se change en caille et
plonge dans la mer. Elle devient l'île d'Astéria ou
Ortygie l'île aux cailles.

Sa sœur y accouche et l'île prend le nom de Délos.

2- Léto (celle qui est cachée) fut l'une des nombreuses maîtresses de Zeus, avec qui elle eut des jumeaux, une fille, Artémis et un fils, Apollon (voir Artémis et Apollon).

-Astéria poursuivie par Zeus sous la forme d'un aigle-

Crios et Eurybie

L'Ouest et la vaste violence

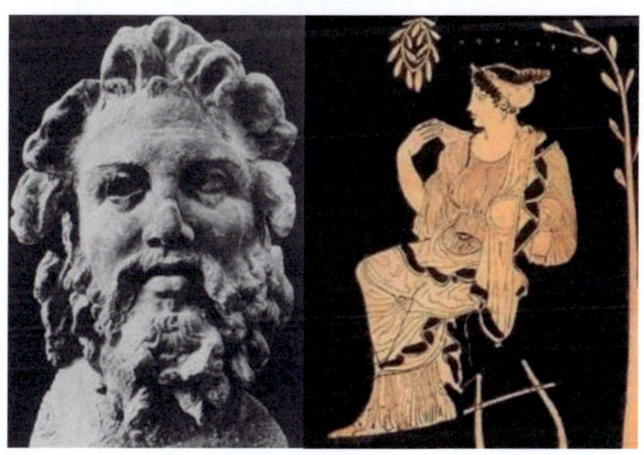

Crios et le Titan de l'Ouest, fils d'Ouranos et de Gaïa. Il épouse sa demi-sœur Eurybie, une divinité marine représentant la violence de la mer, fille de Pontos et de Gaïa. Le couple eut trois autres Titans, Persès, Astréos et Pallas.

1- Persès le Titan de la destruction, épouse sa cousine la Titanide Astéria. Ils sont les parents d'Hécate la déesse des morts à la fois protectrice et néfaste. Elle fait partie de la triade lunaire avec Artémis et Séléné. Elle est la représentation de la nouvelle lune ou lune noire symbolisant la mort.

2- Pallas est un Titan, il épouse sa cousine l'Océanide Styx la détestée. Ils sont les parents de quatre autres divinités, Zélos la rivalité, Kratos la puissance, Bia la force et Niké la victoire très souvent associée à la déesse Athéna.

3- Astréos (l'Étoilé) et un Titan, il épouse sa cousine Eos la déesse de l'Aurore.

Ils sont les parents des quatre dieux du vent. Euros le vent de l'Est (l'automne), Notos le vent du Sud (l'été), Zéphyr le vent de l'Ouest (le printemps) et père des deux chevaux immortels Xanthe et Balios qui eut avec Podarge l'une des Harpyes et Borée le vent du Nord (l'hiver) qui enlève et épouse la princesse athénienne Orithye.

Calaïs, Zétès et Chioné.

Borée et Orithye sont les parents de deux fils, Calaïs et Zétès dits les Boréades (tous deux Argonautes), ainsi que de deux filles, Cléopâtre épouse du roi Phinée de Salmydessos et Chioné la déesse de la neige qui fut la maîtresse du dieu Poséidon avec qui elle eut Eumolpos dit le beau chanteur qui fut jeté à la mer par sa mère pour le soustraire à la colère de Borée. Recueilli par son père, il est confié aux bons soins de sa demi-sœur Benthésicymé l'épouse d'Endion roi d'Ethiopie.

Océan et Téthys

Les Océans et les mers

Océan est le Titan des Océans, fils d'Ouranos et de Gaïa. Il épouse sa sœur, la Titanide Téthys, une autre divinité associée aux mers. Ils ne participeront pas à la guerre qui oppose les Titans aux Olympiens. Ils sont les parents de six mille enfants, trois mille Potamoï les dieux fleuves (le Méandre, le Nil, l'Euphrate, le Gange…) père des Naïades, des nymphes aquatiques d'eau douce ainsi que des Sirènes, et trois mille Océanides des nymphes marines.

Liste de quelques Océanides :

- Callirrhoé l'épouse de Chrysaor et mère de Géryon.

- Clymène l'épouse du Titan Japet et maîtresse d'Hélios.

- Dioné maîtresse de Zeus et mère d'Aphrodite.

- Doris l'épouse de Nérée et mère des Néréides.

- Electre l'épouse de Thaumas.

- Eurynomé maîtresse de Zeus et mère des Charites.

- Idye l'épouse du roi de Colchide Eétès et mère de Médée.

- Métis la première épouse de Zeus et mère d'Athéna.

- Perséis maîtresse d'Hélios.

- Philyra maîtresse de Cronos et mère de Chiron.

- Pléioné l'épouse d'Atlas et mère des Pléiades.

- Pronoia l'épouse de Prométhée et mère de Deucalion.

- Styx l'aînée des Océanides la plus noble, déesse du fleuve éponyme des enfers, épouse du Titan Pallas.

Japet et Clymène

Le Sud et une Océanide

Japet est le Titan du sud, fils d'Ouranos et de Gaïa. Il épouse sa nièce l'Océanide Clymène. Ils sont les parents de quatre autres Titans, Ménétios, Prométhée, Epiméthée et Atlas.

1- Ménétios est un Titan, orgueilleux, méchant et dont l'audace lui valut le Tartare.

, Ménétios envoyé au Tartare.

2- Prométhée est un Titan, il est dit le Prévoyant. Il est celui qui donne aux hommes le feu sacré (intelligence et connaissance). Il sera puni par Zeus pour cet acte et enchainé au mont Caucase.

Il a pour épouse une Océanide Pronoia qui lui donne un fils Deucalion, le seul homme survivant au déluge avec sa femme et cousine Pyrrha.

Ils sont les parents de cinq enfants :

- Hellen qui donne son nom aux peuples grecs et dont les fils et petit-fils, donne leur nom à d'autres peuples comme les Eoliens, Ioniens, Achéens et Doriens.
  Eole et l'ancêtre direct du héros Jason.
- Amphictyon roi d'Athènes.
- Protogènie maîtresse de Zeus et mère d'Ethlios roi d'Elide et père d'Endymion l'amant de la déesse Séléné.
- Pandore maîtresse de Zeus et mère de Latinus qui donne son nom au peuple latin.
- Phyia maîtresse de Zeus et mère de deux fils, Magné et Macédon.

Hermès offrant Pandore à Epiméthée, en présence de Prométhée le mettant en garde contre ce cadeau.

3- Epiméthée est un Titan, il est dit « celui qui réfléchit après coût ». Il est le créateur des animaux ainsi que des premiers hommes. Les dieux, pour le remercier, lui offrent la première femme, Pandore création d'Héphaïstos. Ils seront les parents de Pyrrha, la seule femme à survivre au déluge.

Pandore avait reçu des dieux une boîte en cadeau de mariage avec interdiction de l'ouvrir. Mais Hermès lui avait donné la curiosité est bien sûr, la boite fut ouverte libérant sur terre et l'humanité tous les maux qu'elle contenait (enfants de Nyx et Eris).

Seule l'espérance demeure dans la boîte à la portée des hommes.

4- Atlas (le porteur de la voûte céleste) est un Titan. Il épouse l'Océanide Pléioné, ils sont les parents des Pléiades, Hyas et les Hyades. Il est le père des Hespérides qu'il a avec Hespéris l'heure du soir.

- Hyas, fils d'Atlas et de Pléioné, meurt courageusement lors d'une chasse tué par un lion. Zeus le change en constellation du Verseau.

- Les Hyades sont des nymphes associées à la pluie. Leur nombre varie beaucoup, mais nous pouvons nommer Ambroisie, Clééa, Coronis et Dioné. Elles sont inconsolables après la mort de leur frère et pleurent toutes les larmes de leur corps. Emus les dieux les changent elles aussi en constellation, celle du Taureau.

- Les Hespérides, filles d'Atlas et d'Hespéris l'Heure du soir, elles sont trois nymphes associées au couchant et sont les gardiennes d'un jardin fabuleux qui porte leur nom, le jardin des Hespérides, situé en extrême occident. La déesse Héra leur confie l'arbre aux pommes d'Or cadeau de Gaïa lors de son mariage avec Zeus. Le dragon Ladon les aide dans cette tâche.

Leurs noms sont Eglé, Erythie et Hespérie.

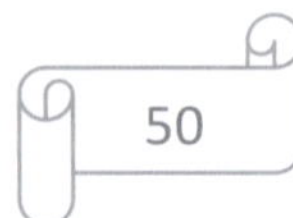

- Les Pléiades sont sept sœurs, filles d'Atlas et de Pléioné. Compagnes virginales de la déesse Artémis. Leur fin diverge beaucoup d'un auteur à l'autre. Elles furent poursuivies par le chasseur Orion fou de leur beauté ; Zeus pour les sauver, les changea en colombes est à leur mort, les plaça dans le ciel pour qu'elles deviennent la constellation des Pléiades.

- Maia qui fut la maîtresse de Zeus et lui donne un fils, le dieu Hermès.

- Alcyone qui fut la maîtresse de Poséidon, lui donna quatre fils, dont Hyriée qui épouse la nymphe Clonia qui lui donne trois fils, dont le chasseur Orion qui épouse Sidé (grenade) qui lui donne deux filles, les Coronides, Ménippé et Métioche.

- Astéropé qui fut l'épouse du roi de Pise Oenomaos. Ils sont les parents d'Hippodamie épouse de Pélops roi d'Athènes.

- Céléno qui fut la maîtresse de Poséidon et lui donna un fils, Lycos.

- Electre qui fut la maîtresse de Zeus et lui donna trois fils, dont Dardanos fondateur de la lignée royale de Troie, et Iasion qui fut l'amant de la déesse Déméter qui lui donna un fils, Ploutos dieu de la fortune.

- Taygète qui fut la maîtresse de Zeus et lui donna un fils, Lacédémon fondateur de la lignée royale de Sparte.

- Mérope la benjamine qui fut l'épouse du roi de Corinthe Sisyphe.

Hypérion et Théia

L'Est et la brulante

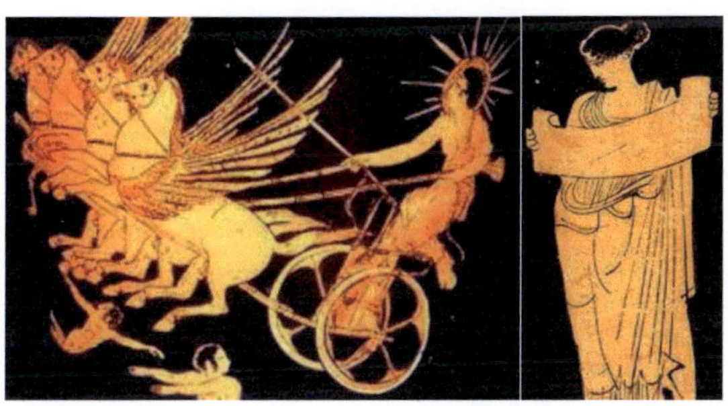

Hypérion (celui qui est au-dessus) et le Titan de l'Est, fils d'Ouranos et de Gaïa.

Il épouse sa sœur la Titanide Théia (la brûlante) qui est à l'origine de tous les métaux précieux comme l'or et l'argent. Ils sont les parents de trois autres Titans. Hélios, Séléné et Eos.

1- Hélios (celui qui traverse le ciel dans le char solaire) est le dieu du Soleil.

Il épouse la nymphe marine Rhodé, fille d'Halia et Poséidon. Elle lui donne sept fils les premiers habitants de l'île de Rhodes.

Avec la nymphe Néère, il a deux filles, Lampétie et Phaéthuse des nymphes solaires.

Avec l'Océanide Clymène l'épouse du Titan Japet, il a un fils et sept filles.

- Phaéton, qui demande pour preuve qu'il est bien fils du soleil, la faveur de pouvoir conduire son char de son père. Malheureusement, il en perd le contrôle et avant de détruire le Monde Zeus le foudroie.

- Les Héliades (les enfants du soleil), elles sont au nombre de sept filles. Astris, Dioxippe, Églé, Éthérie, Hélia, Mérope et Phœbé. Elles sont effondrées à la suite de la mort de leur frère, qu'elles pleurent inconsolables. Les dieux

émus par leurs chagrins, solidifient en ambre leurs larmes et leur permettent de devenir des peupliers.

Avec Perséis une Océanide, il a un fils et deux filles, Eétès roi de Colchide époux de l'Océanide Idyie et parent de Médée ; Circé la magicienne qui demeure sur l'île d'Eéa où elle reteindra Ulysse et en aura deux fils, Agrios et Télégonos ; ainsi que Pasiphaé l'épouse du roi Minos.

Avec Hyrmina, il aura un fils, le roi d'Elis Augias.

2- Séléné la déesse de la Lune, elle fait partie de la triade lunaire et représente la pleine lune.

Elle fut l'une des nombreuses maîtresses de Zeus, avec qui elle eut deux filles, Pandia la lumineuse déesse de la pleine lune et Hersé la déesse de la rosée bienfaisante.

Elle eut pour amant le roi d'Elide Endymion, plongé dans un éternel sommeil.

3- Eos la déesse de l'Aurore dite aux doigts de rose ou encore l'enfant du matin, et l'épouse de son cousin le Titan Astréos (voir Astréos).

Elle fut un jour découverte par la déesse Aphrodite dans le lit de son amant le dieu Arès. Furieuse Aphrodite la punie de perpétuelle amours avec des mortels avec qui elle engendre de nombreux enfants. Avec Tithon, prince troyen, elle eut notamment deux fils, Memnon et Emathion tués lors de la guerre de Troie.

Elle est aussi la mère de deux fils, dont la paternité est incertaine, Eosphoros l'étoile du matin et Hespéros l'étoile du soir.

Eosphoros passe pour le père du guerrier Dédalion, lui-même père de Chioné, qui fut séduite à la fois par Hermès et Apollon. Elle est la mère avec Hermès d'Autolycos, grand-père maternel d'Ulysse et avec Apollon de Philammon un aède (artiste) lui-même père de Thamyris.

Mnémosyne

La mémoire

Mnémosyne et la Titanide de la mémoire, elle invente les mots et le langage. Elle fut la maîtresse de Zeus, avec qui elle eut les neuf Muses, Calliope la poésie épique, Clio l'histoire, Erato la poésie lyrique, Euterpe la musique, Melpomène la tragédie, Polymnie la rhétorique, Terpsichore la danse, Thalie la comédie et Uranie l'astronomie.

Calliope est la seule muse à avoir une descendance, avec Oeagre roi de Thrace, elle a Orphée le poète et avec le dieu Apollon, elle a Hymen dieu présidant au mariage, et lalémos dieu qui préside aux chants funèbres et aux lamentations.

Thémis

La justice

Thémis est la Titanide de la justice, elle fut la maîtresse de Zeus avec qui elle eut les Heures et Astrée.

1- Les Heures sont un groupe de déesses personnifiant la division du temps et des saisons, de trois, elles passent à douze au fil des auteurs.

Les trois heures primitives selon Hésiode sont Eunomie (l'ordre), Dicé (la justice) et Eiréné (la paix).

2- Astrée (la fille-étoile) avec sa mère, elle personnifie la justice. Elle est la dernière des immortelles à vivre parmi les hommes, installée au ciel, elle devient la constellation de la Vierge.

Astrée quittant les hommes.

Cronos et Rhéa

La vie et la maternité

Cronos est le Titan de la vie et du ciel, fils d'Ouranos et de Gaïa.

Il épouse sa sœur, la Titanide Rhéa déesse de la maternité dite la grande mère. Ils règnent durant l'Âge d'Or à la suite de la prise de pouvoir par Cronos. Ils sont les parents de six enfants que Cronos dévore dès leur naissance de peur que l'un d'eux ne le détrône. C'est ainsi que Hestia, Hadès, Déméter, Poséidon et Héra sont avalés par leur père.

Gaïa conseillera à sa fille lors de sa sixième grossesse de cacher l'enfant à venir et elle donne à avaler à son époux une pierre. C'est ainsi que Zeus échappe au sort de ses frères et sœurs. Il sera élevé sur le mont Ida en Crète par des Méliades et nourri par la chèvre Amalthée.

Une fois adulte, il affronte son père dans une guerre de dix ans la Titanomachie*.

Zeus élevé par des nymphes et des satyres.

*La Titanomachie est une guerre de dix ans qui vit s'affronter la deuxième génération des dieux de l'âge d'or les Titans contre la nouvelle génération celle des Olympiens, qui furent victorieux.

IX L'enfant de Cronos.

Chiron

Chiron* est le fils de Cronos et de l'Océanides Philyra, centaure immortel le plus sage de son espèce avec de grandes connaissances. C'est d'ailleurs pour cette raison qu'on lui confie tant de jeunes héros pour qu'il fasse leur éducation. Il fut blessé accidentellement par Héraclès et souffrant tellement qu'il demande aux dieux de lui retirer son immortalité pour ainsi mourir.

Il eut pour épouse la nymphe Chariclo qui lui donna une fille, Ocyrhoé. Cette dernière sera changée par Zeus en cheval ailé et sera la compagne de Pégase avec qui elle aura Celeris le rapide.

*Chiron est né centaure, car son père, surpris par son épouse dans les bras de sa maîtresse Philyra, prend la forme d'un cheval avant de prendre la fuite.

X Les Olympiens.

Hestia

Le foyer

Hestia déesse du foyer familial, la première avalée et la dernière recrachée, fille aînée de Cronos et de Rhéa. Reconnue pour sa sagesse, elle restera vierge, sans mari et sans enfant.

Hadès

Les enfers et les morts

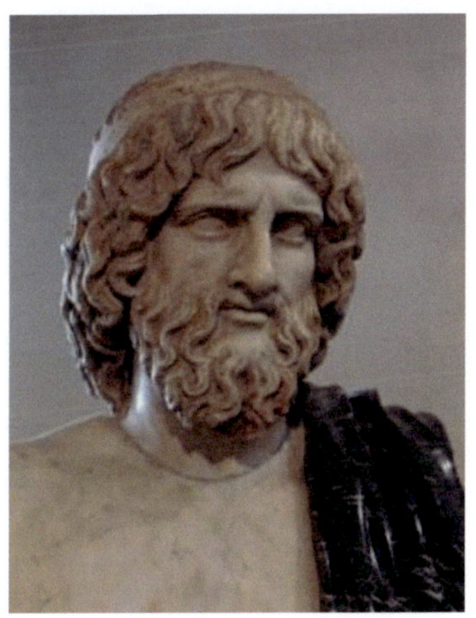

Hadès est le roi des enfers et le dieu des morts. Il aura pour épouse sa nièce Perséphone dont la grande beauté le pousse à l'enlever et avec qui il n'aura pas d'enfant.

Mais un texte byzantin tardif lui donne une fille, Macarie déesse de la mort heureuse. Il eut pour maîtresse avant et après son mariage, Menthé une Naïade fille du fleuve Cocyte qui délaissée se change en Menthe et Leucé une Océanide qui dépérit aux enfers. Hadès la change donc en peuplier blanc après sa mort.

Déméter

L'agriculture

Perséphone   Déméter et Ploutos.

Déméter déesse de l'agriculture et des moissons, elle représente l'abondance. Elle fut la maîtresse de son frère Zeus avec qui elle eut Perséphone la reine des enfers. Zeus sous les traits de son frère, engendre avec sa fille Mélinoé une divinité infernale et déesse des fantômes.

Avec son frère Poséidon, elle eut Arion un cheval immortel doué de parole et sa sœur Despoina déesse des mystères des cultes arcadiens.

Avec Iasion (le semeur) fils de Zeus et de la Pléiade Electre, elle eut Ploutos dieu de la richesse et de la fortune.

Poséidon

La mer et les Océans

Poséidon est le roi des mers et des océans et le dieu des tremblements de terre.

Il a pour épouse la Néréide Amphitrite avec qui il eut :

- Triton le messager des mers qui a pour résidence le lac Tritonis en Lybie, dont la gardienne est sa fille la Naïade Pallas accidentellement tuée par Athéna.

- Cymopolée déesse des catastrophes naturelles, épouse de Briarée.

- Benthésicymé (la profonde) qui fut l'épouse du roi d'Ethiopie Endios et mère adoptive d'Eumolpos qu'elle élève à la demande de son père.

Avec Déméter, il eut Arion et Despoina.

Avec Thôosa, il eut le cyclope, Polyphène.

Avec Méduse, il eut Pégase et Chrysaor.

Avec Chioné, il eut Eumolpos.

Avec Calycé, il eut Cycnos roi de Colones.

Avec Tyro, princesse d'Elide, il eut Pélias roi d'Iolcos et Nélée roi de Pylos.

Avec Théophané, princesse de Thrace, il eut Chrysomallos le bélier à la Toison d'or.

Avec Lybie, princesse d'Egypte, il eut trois fils Agénor roi de Phénicie, Bélos roi d'Egypte et Lélex roi de Mégaride.

Avec Ethra, l'épouse d'Egée roi d'Athènes, il eut Thésée, le héros qui tua le Minotaure.

La liste pourrait être encore bien longue, je n'ai mis ici que les principales amantes et leurs enfants.

Héra

Le mariage

Héra déesse du mariage et de la fécondité, reine des déesses.

Deuxième épouse de son frère Zeus avec qui elle eut Hébé, Ilithye, Arès et Héphaïstos.

Hébé déesse de la jeunesse, protectrice des jeunes mariés, fille préférée de Zeus. Elle épouse Héraclès quand ce dernier devient immortel et rejoint l'Olympe.

Ilithye déesse de l'accouchement et de l'enfantement, celle qui fait venir, connue pour rendre les naissances difficiles chez les femmes légères.

 **Arès** dieu de la guerre offensive.

Il fut l'amant de la déesse Aphrodite avec qui il eut Phobos et Déimos dieu de la peur et de la terreur, Eros et Antéros dieu de l'amour et de l'amour retrouvé, ainsi qu'Harmonie qui devient l'épouse d'un mortel, le roi Cadmos de Thèbes. Elle reçut lors de son mariage un collier confectionné par l'époux de sa mère et qui lui porta malheur ainsi qu'à ses enfants. Une façon pour Héphaïstos de se venger de son épouse infidèle sur ses enfants.

Phobos et Deimos, Eros et Antéros, Harmonie.

Eros, fils d'Arès et d'Aphrodite, doit être différencié d'Eros le dieu primordial. Eros eut pour épouse la princesse Psyché, ils sont les parents d'une fille, Hédoné la déesse du plaisir et de la sensualité.

Arès eut trois fils tous connus pour leur cruauté et pour être des criminels, ainsi que quatre filles avec la reine des amazones.

Avec Chryse, fille d'Almus, il eut un fils, Phlégias roi des Laphites et père de Coronis l'amante d'Apollon.

Avec une Naïade Bistonis, il eut un fils, Térée roi en Thrace.

Avec Cyrène, princesse de Thessalie, il eut un fils, Diomède roi de Thrace.

Avec Otréré, la reine des Amazones, il eut quatre filles, Hyppolite, Antiope l'épouse de Thésée roi d'Athènes, Mélanippe et Penthésilée.

J'arrête là la liste tant comme son oncle Poséidon ou son père Zeus la liste de ses amantes et enfants pourrait être longue.

Héphaïstos dieu du feu et des forges, dieu reconnu pour sa laideur.

Il fut jeté à sa naissance par sa mère depuis l'Olympe dans la mer où il fut élevé par l'Océanide Eurynomé et la Néréide Thétis dans une grotte de l'île de Lemnos. Pour certains auteurs, Héra l'engendra seule.

Il épouse la déesse Aphrodite de qui il n'eut pas d'enfant. Il eut pourtant un fils, Erichthonios roi d'Athènes, qu'il eut involontairement avec Gaïa.

Les infidélités de son épouse le poussent à avoir une liaison avec la plus jeune des Charités, Aglaé qui lui donne quatre filles des déesses mineures dites les jeunes Charités.

- Philophrosyne, déesse de la bonté et de l'amitié dite la bienvenue.

- Euphème, déesse des louanges et des acclamations.

- Eukléia, déesse de la gloire.

- Euthénia, déesse de la prospérité.

Les Charités, ainsi que les jeunes Charités.

Zeus

Le Ciel et la foudre

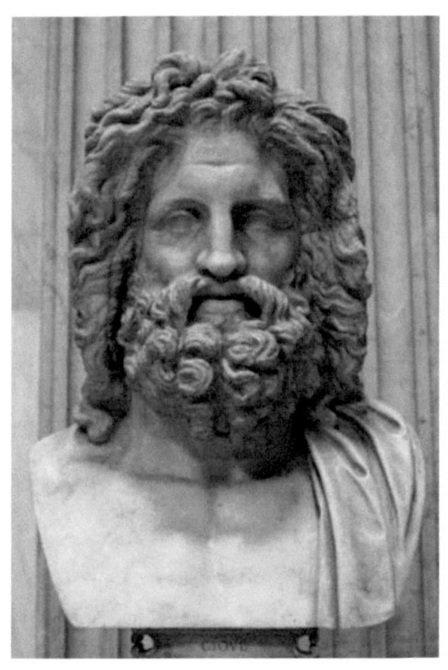

Zeus est le roi des dieux, dieu du ciel et de la foudre, dernier enfant de Cronos et Rhéa.

Il eut pour première épouse l'Océanide Métis déesse de la ruse, qui l'aide à vaincre son père et à prendre le pouvoir. Et justement, Zeus craignant que l'enfant que porte Métis ne soit plus fort que lui, l'avale par ruse. Par la suite, pris d'un mal de tête terrible, Zeus demande à son fils Héphaïstos de lui frapper sur la tête, libérant ainsi Athéna. Il eut pour deuxième épouse sa sœur Héra.

Athéna déesse de la sagesse et de la stratégie militaire, protectrice de nombreux héros. Elle fait partie des déesses vierges, sans mari et sans enfant, mais elle eut un fils adoptif, Erichthonios.

Avec Dioné une Océanide, il eut une fille (d'après Homère) :

Aphrodite déesse de l'amour et de la beauté, épouse du dieu Héphaïstos qu'elle trompe notamment avec Arès, Hermès et Dionysos. Ainsi qu'avec un mortel, Anchise avec qui elle a un fils, Enée.

Avec la Titanide Léto, il eut des jumeaux :

Artémis déesse de la nature sauvage et de la chasse, déesse vierge associée à la triade lunaire, elle symbolise le croissant de lune.

Apollon dieu des arts et de la lumière solaire, son sanctuaire le plus connu est Delphes.

Avec Coronis, princesse des Lapithes, il eut un fils, Asclépios dieu de la médecine et avec Cyrène, princesse de Thessalie, il eut un fils, Aristée dieu des céréales et de l'apiculture.

Son fils, Asclépios épouse la princesse de Cos Epione, ils sont les parents de cinq filles. Hygie déesse de la santé et de l'hygiène, Panacée déesse de la guérison par les plantes, Méditrine la guérisseuse, Acéso le processus de guérison, Iaso la guérison. Ainsi que trois fils, Machaon le premier chirurgien, Podalire le premier médecin et Télesphore dieu de la convalescence.

Asclépios et Aristée

Asclépios et sa famille.

Avec Maïa la Pléiade, il eut un fils :

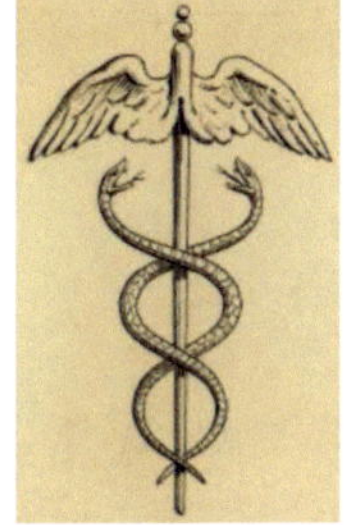

Hermès dieu du commerce et messager des dieux.

Qui avec la déesse Aphrodite, eu un fils, Hermaphrodite. Celui-ci fusionne avec la Naïade, Salmacis à la demande de cette dernière folle amoureuse, il devient donc la première personne androgyne.

Puis avec une fille de Dryops restée anonyme, il eut un fils, Pan dieu protecteur des bergers et des troupeaux, qui engendre avec une nymphe, Silène dieu de l'ivresse et père adoptif de Dionysos.

Hermaphrodite.

Pan.

Silène.

Avec Sémélé, princesse de Thèbes, il eut un fils :

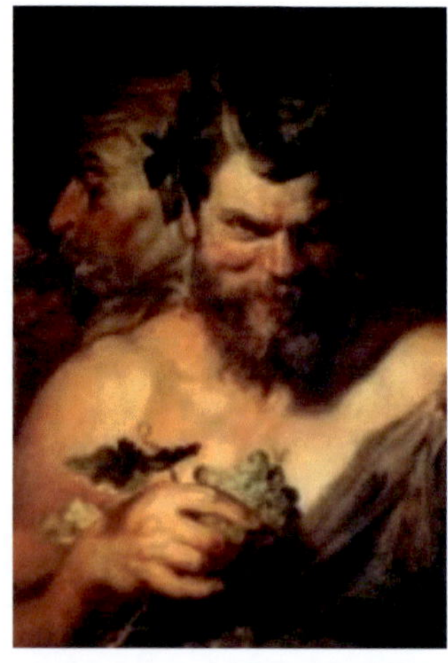

Dionysos dieu du vin et de l'allégresse, protecteur des semences et de la fertilité de la vigne.

Qui avec la déesse Aphrodite, eut un fils, Priape dieu de la fertilité et protecteur des jardins.

Avec Nicaéa, une naïade, il eut une fille Teléte. Elle fait partie du cortège de son père et fut associée aux festivités nocturnes et aux danses rituelles.

Il épouse la princesse crétoise Ariane rendue immortelle à sa demande après sa mort et avec qui il eut de nombreux fils, dont Oenopion roi de l'île de Chios et Thoas roi de l'île de Lemnos.

la liste des enfants illégitimes de Zeus continue :

Avec Electre, la Pléiade, Zeus eut trois fils, Dardanos fondateur de la lignée royale de Troie, Emathion et Iasion.

Avec Taygète, la Pléiade, il eut un fils Lacédémon fondateur de la lignée royale de Sparte.

Avec Eurynomé, une Océanide, il eut trois filles, les Charites, Euphrosyne (la joie), Thalie (l'abondance) et Aglaé (la beauté).

Avec Ploutô, une nymphe, il eut Tantale roi de Lydie.

Avec Déméter, il eut une fille, Perséphone.

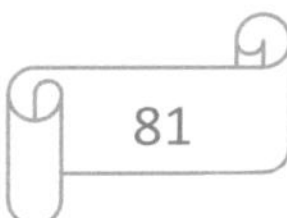

Avec la Titanide, Mnémosyne, il eut neuf filles, les Muses.

Avec la Titanide, Thémis, il eut Les Heures et Astrée.

Avec Séléné, il eut deux filles, Pandia et Hersé.

Avec les trois filles de Deucalion, il eut quatre fils.

Avec Callisto, une nymphe du cortège d'Artémis, il eut Arcas. Lui et sa mère deviennent les constellations de la petite et de la grande ourse.

Avec Europe, princesse de Tyr, il eut trois fils, Minos le roi de Crète époux de Pasiphaé et père d'Ariane et Phèdre, Sarpédon et Rhadamanthe.

Avec Io, princesse d'Argos, il a un fils, Epaphos roi d'Egypte et père de Lybie.

Avec Egine une Naïade, il a un fils, Eaque roi d'Egine et père de Pélée l'époux de la Néréide Thétis et parent d'Achille.

Avec Alcmène, l'épouse du roi de Tirynthe Amphitryon, il a un fils, Héraclès le héros aux douze travaux.

Avec Danaé, princesse d'Argos, il a un fils, Persée héros qui affronta Méduse.

Avec Léda, l'épouse de Tyndare roi de Sparte, il eut deux enfants, un fils, Pollux et une fille, Hélène l'héroïne de la guerre de Troie.

La liste pourrait être encore bien longue, je n'ai mis ici que les principales amantes et leurs enfants.

Callisto et Zeus (sous les traits de sa fille Artémis), Europe et Zeus (un taureau).

Io et Zeus (un nuage), Egine et Zeus (un aigle).

**Alcmène et Zeus (sous les traits de son mari), Danaé et Zeus (une pluie d'or),
Léda et Zeus (un cygne).**

XI Les Héros.

Persée

Roi de Tirynthe

Fils de Zeus et de la princesse d'Argos Danaé, il fut le vainqueur de la gorgone Méduse et le libérateur de la princesse Andromède promise en sacrifice à un monstre marin. Il l'épouse et devient par la suite roi de Tirynthe. Ils sont les parents de six fils et d'une fille. Leur descendance prend le nom des Perséides, qui règnent durant un temps sur la cité de Mycènes.

Thésée

Roi d'Athènes

Fils de Poséidon et d'Ethra l'épouse du roi Egée d'Athènes.

Il fut le héros qui tua le Minotaure. Il devient à son retour roi d'Athènes. Il eut pour première épouse la reine des Amazones Antiope qui lui donna un fils, Hyppolite. Il eut pour deuxième épouse Phèdre la fille du roi Minos qui lui donna deux fils, Démophon qui continue la lignée royale athénienne, et Acamas.

Jason

Roi d'Iolcos

Fils d'Eson roi d'Iolcos et de Polymède fille d'Autolycos.

Il fut le héros de la Toison d'Or. Il eut pour épouse la princesse Médée de Colchide qui lui donna deux fils, Merméros et Phérès. Les deux enfants furent tués par leur mère quand Jason eut le projet d'épouser Créuse princesse de Corinthe, elle aussi assassinée par la magicienne.

Ulysse

Roi d'Ithaque

Fils de Laërte roi d'Ithaque et d'Anticlée fille d'Autolycos.

Il fut l'un des héros de la guerre de Troie. Il a pour épouse Pénélope qui lui donne un fils, Télémaque. Au cours de son voyage de retour, il fut l'amant de la Néréide Calypso qui lui donne deux fils, ainsi que de la magicienne Circé qui lui donne aussi deux fils.

Achille

Roi des Myrmidons

Fils de Pélée roi Phthie et de la Néréide Thétis.

Il fut l'un des héros de la guerre de Troie où il trouve la mort, tué par Paris. Avec la princesse Déidamie fille de Lycomède roi de Skyros, il eut un fils, Néoptolène l'ancêtre de la dynastie Eacides qui règne sur l'Epire et dont est issu Olympia la mère d'Alexandre le Grand.

Héraclès

Fils de Zeus et d'Alcmène l'épouse du roi de Tirynthe Amphitryon, il fut le héros qui réalisa ses douze travaux, le plus vénéré des héros de la Grèce antique.

Il eut pour première épouse Mégara princesse de Thèbes qui lui donne trois fils, Créontiadès, Thérimaque et Déicoon. Dans un accès de folie provoqué par Héra, Héraclès tue son épouse et ses enfants, et c'est en punition de ses meurtres que l'oracle de Delphes lui conseillera de se mettre au service d'Eurysthée qui lui ordonnera d'accomplir ses douze travaux.

Il eut pour deuxième épouse Déjanire princesse de Calydon qui lui donne un fils, Hyllos et une fille Macarie, cette dernière eut une histoire d'amour avec Thanatos le dieu de la mort, qui la conduisant aux enfers en tombe amoureux, ils sont les parents de Lyncos roi des Scythie. Hyllos quant à lui et l'ancêtre des Héraclides.

Il eut pour troisièmes et dernières épouses sa demi-sœur la déesse Hébé, après son apothéose et son entrée sur l'Olympe. Ils sont les parents de deux jumeaux, des divinités mineures Alexiarès celui qui détourne la guerre, et Anicétos l'invincible.

XII La généalogie des dieux

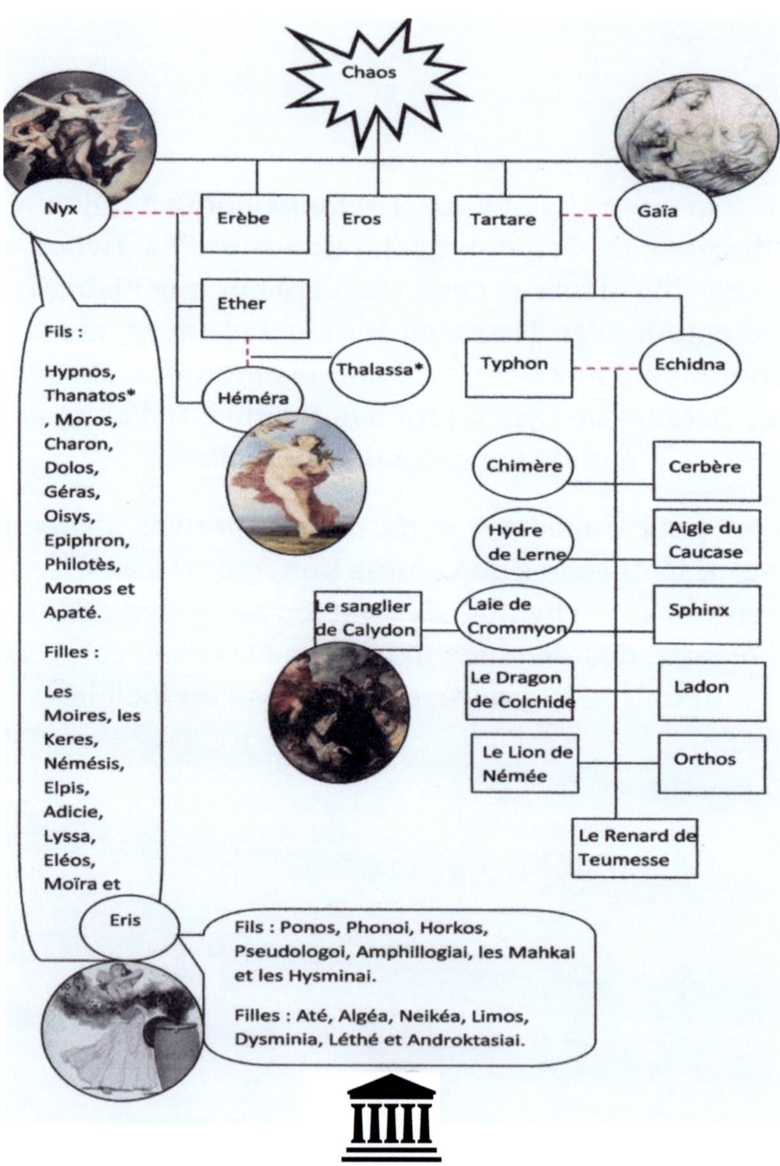

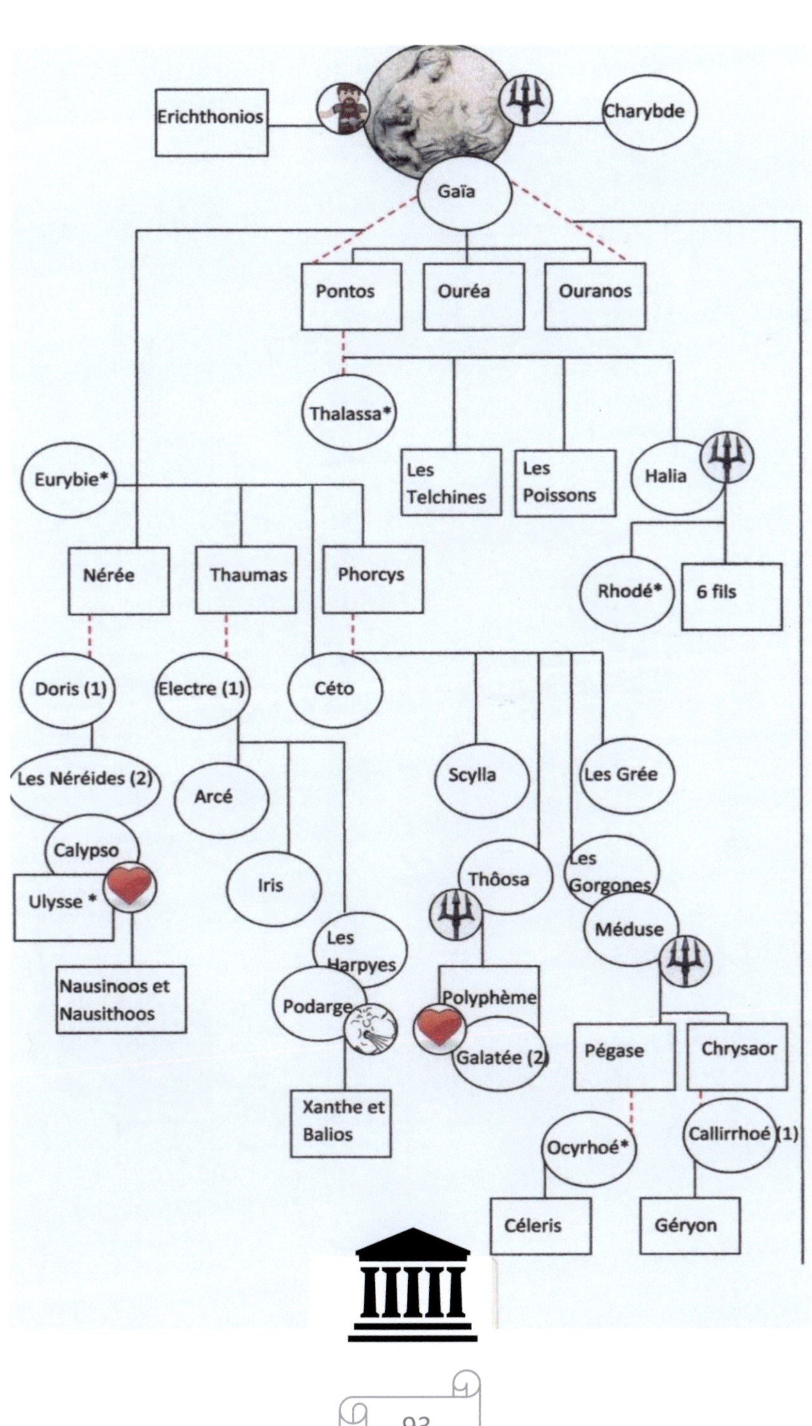

Erichthonios
Charybde
Gaïa
Pontos
Ouréa
Ouranos
Thalassa*
Eurybie*
Les Telchines
Les Poissons
Halia
Nérée
Thaumas
Phorcys
Rhodé*
6 fils
Doris (1)
Electre (1)
Céto
Les Néréides (2)
Arcé
Scylla
Les Grée
Calypso
Iris
Thôosa
Les Gorgones
Ulysse *
Méduse
Nausinoos et Nausithoos
Les Harpyes
Polyphème
Podarge
Galatée (2)
Pégase
Chrysaor
Xanthe et Balios
Ocyrhoé*
Callirrhoé (1)
Céleris
Géryon

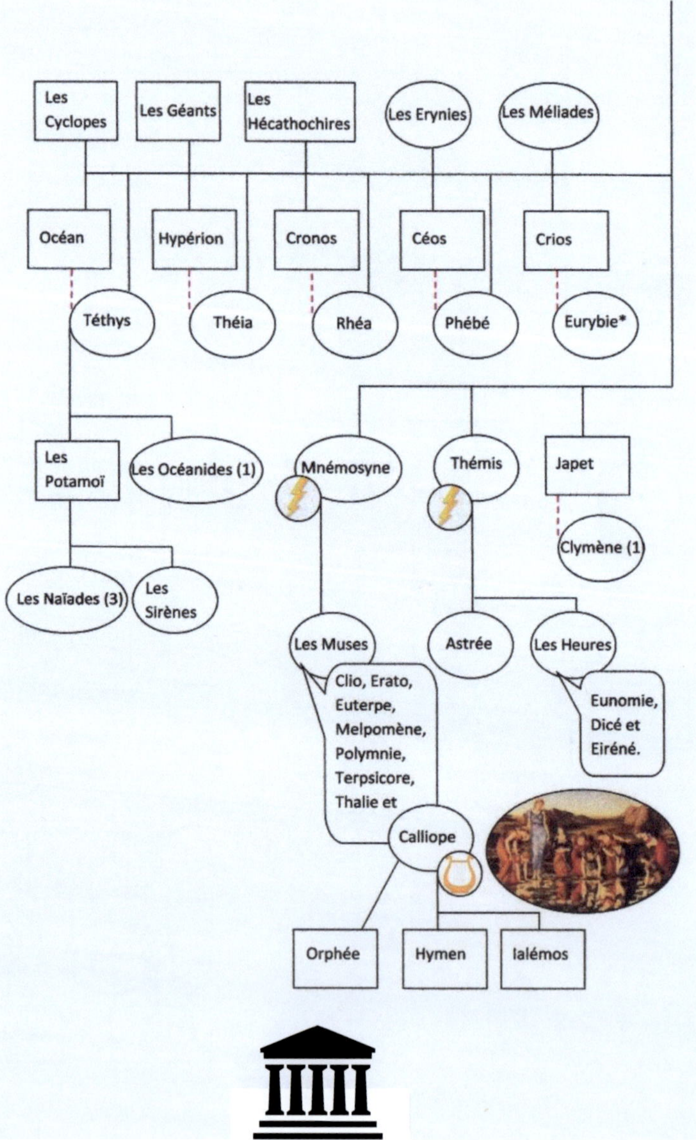

Les Cyclopes
Les Géants
Les Hécathochires
Les Erynies
Les Méliades
Océan
Hypérion
Cronos
Céos
Crios
Téthys
Théia
Rhéa
Phébé
Eurybie*
Les Potamoï
Les Océanides (1)
Mnémosyne
Thémis
Japet
Clymène (1)
Les Naïades (3)
Les Sirènes
Les Muses
Astrée
Les Heures
Clio, Erato, Euterpe, Melpomène, Polymnie, Terpsicore, Thalie et
Eunomie, Dicé et Eiréné.
Calliope
Orphée
Hymen
Ialémos

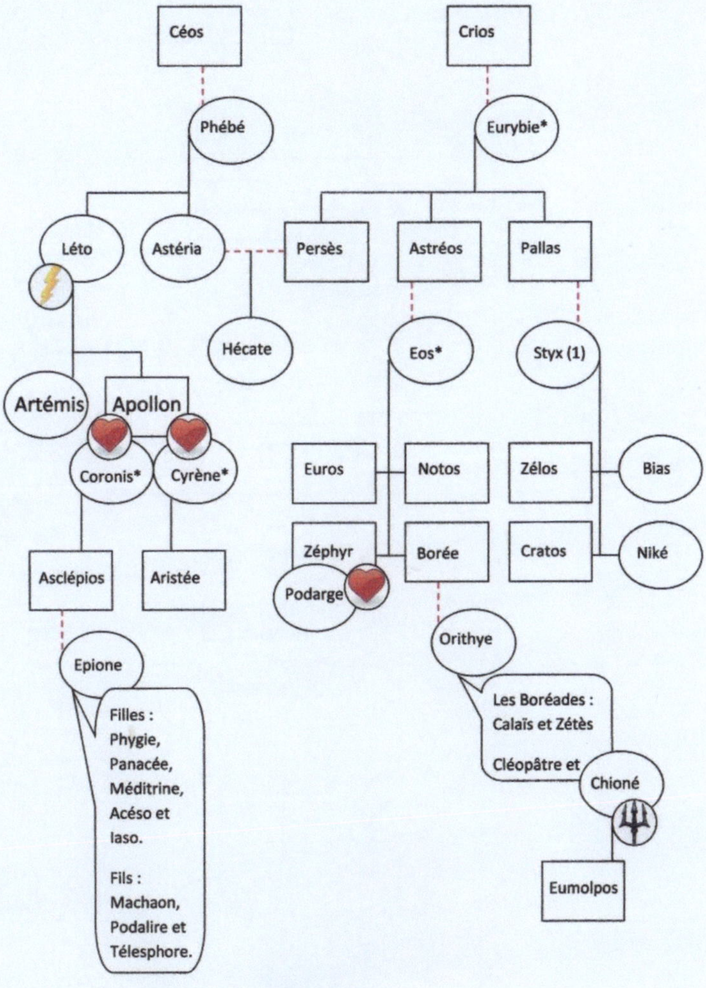

Céos
Phébé
Crios
Eurybie*
Léto
Astéria
Persès
Astréos
Pallas
Hécate
Eos*
Styx (1)
Artémis
Apollon
Coronis*
Cyrène*
Euros
Notos
Zélos
Bias
Zéphyr
Borée
Cratos
Niké
Podarge
Asclépios
Aristée
Orithye
Epione
Les Boréades :
Calaïs et Zétès
Cléopâtre et
Chioné
Filles :
Phygie,
Panacée,
Méditrine,
Acéso et
Iaso.

Fils :
Machaon,
Podalire et
Télesphore.
Eumolpos

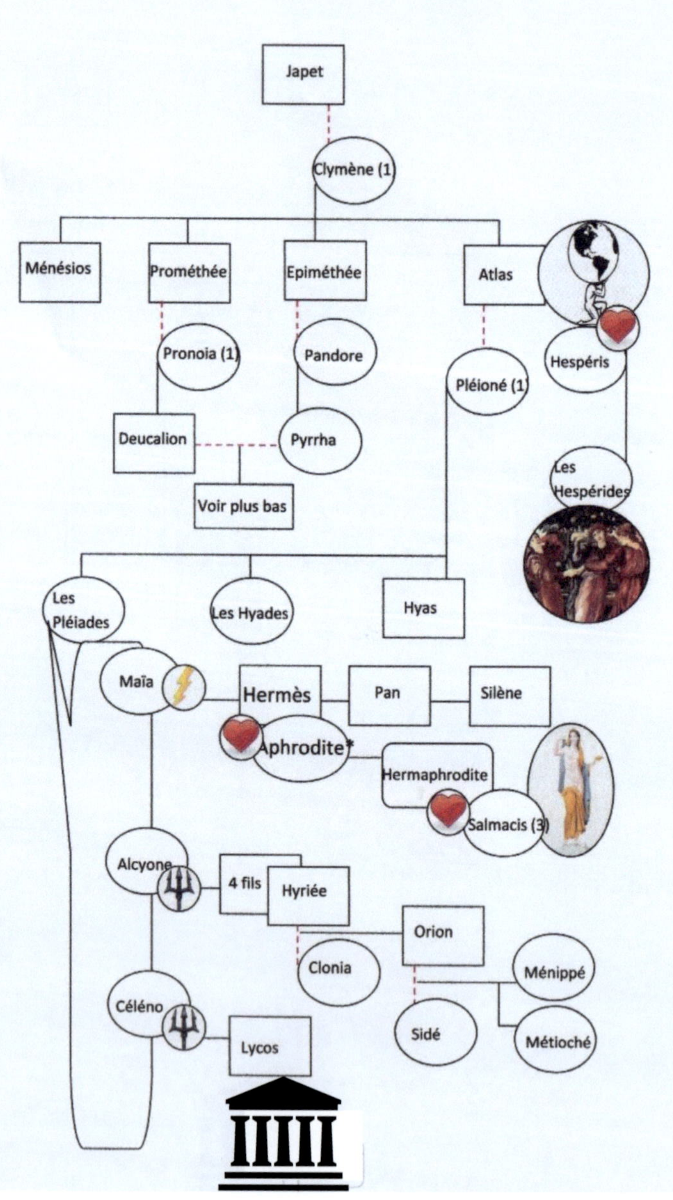

Japet
Clymène (1)
Ménésios
Prométhée
Epiméthée
Atlas
Pronoia (1)
Pandore
Pléioné (1)
Hespéris
Deucalion
Pyrrha
Les Hespérides
Voir plus bas
Les Pléiades
Les Hyades
Hyas
Maïa
Hermès
Pan
Silène
Aphrodite*
Hermaphrodite
Salmacis (3)
Alcyone
4 fils
Hyriée
Orion
Clonia
Ménippé
Céléno
Sidé
Lycos
Métioché

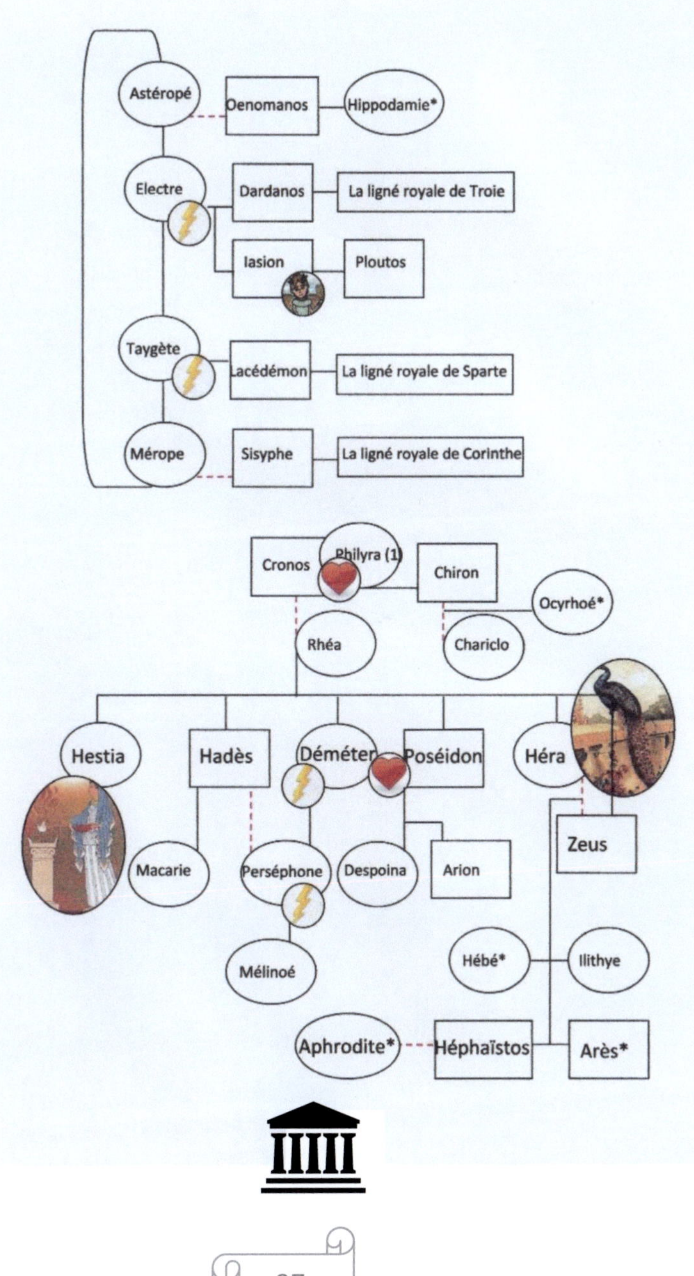

Astéropé
Oenomanos
Hippodamie*
Electre
Dardanos
La ligné royale de Troie
Iasion
Ploutos
Taygète
Lacédémon
La ligné royale de Sparte
Mérope
Sisyphe
La ligné royale de Corinthe
Cronos
Philyra (1)
Chiron
Ocyrhoé*
Rhéa
Chariclo
Hestia
Hadès
Déméter
Poséidon
Héra
Macarie
Perséphone
Despoina
Arion
Zeus
Mélinoé
Hébé*
Ilithye
Aphrodite*
Héphaïstos
Arès*

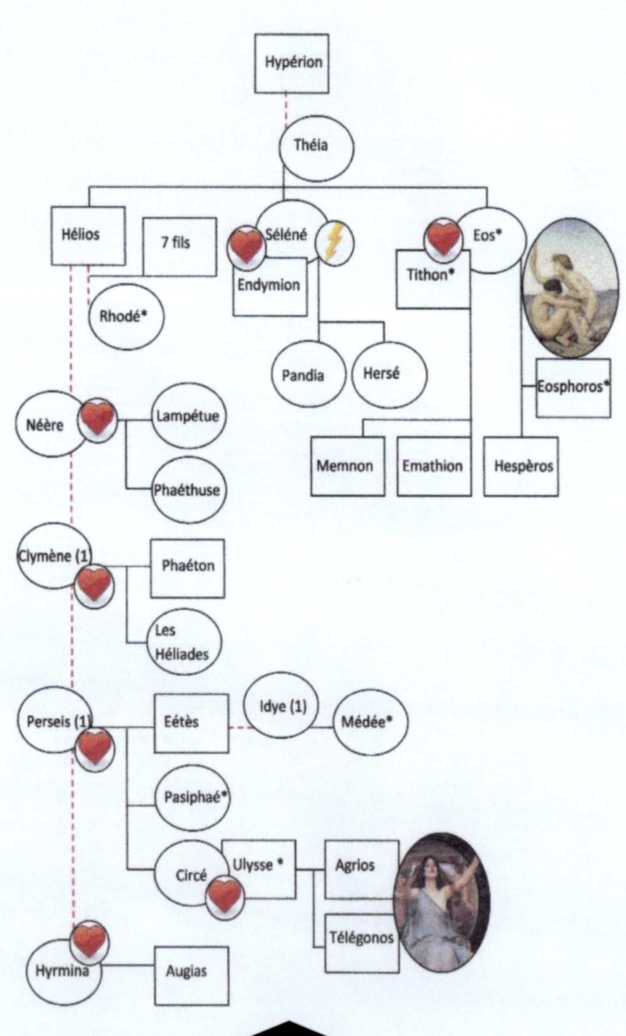

Hypérion
Théia
Hélios
7 fils
Séléné
Endymion
Eos*
Tithon*
Rhodé*
Pandia
Hersé
Eosphoros*
Néère
Lampétue
Phaéthuse
Memnon
Emathion
Hespèros
Clymène (1)
Phaéton
Les Héliades
Perseis (1)
Eétès
Idye (1)
Médée*
Pasiphaé*
Circé
Ulysse *
Agrios
Télégonos
Hyrmina
Augias

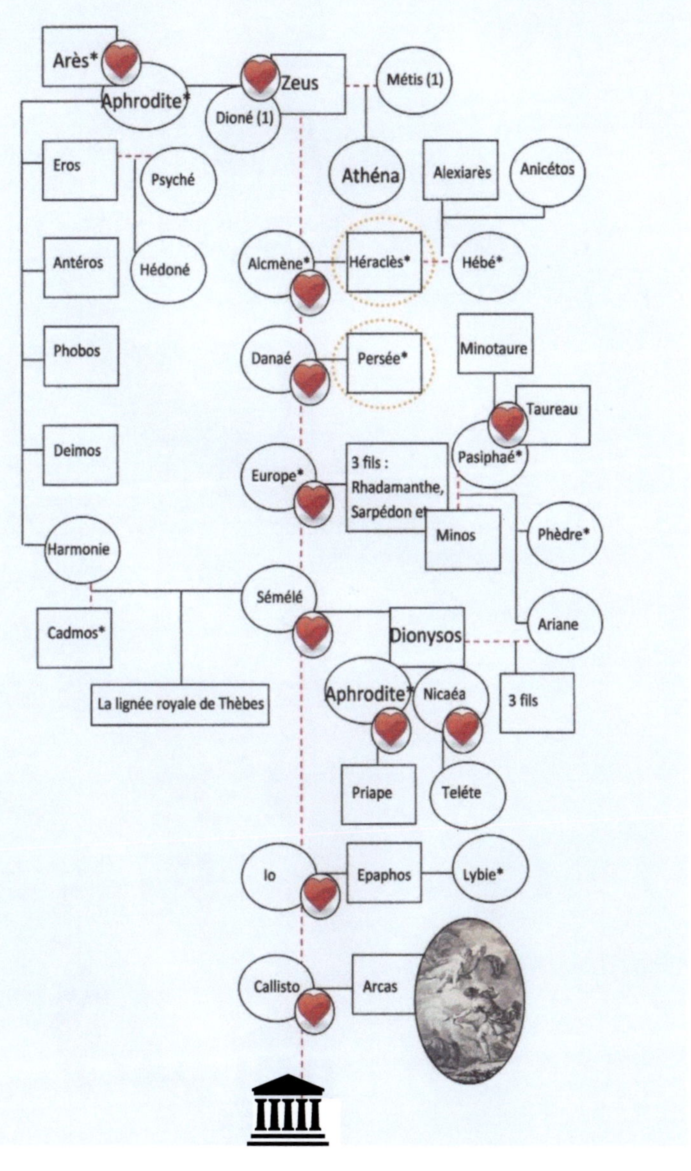

Arès*
Aphrodite*
Zeus
Dioné (1)
Métis (1)
Eros
Psyché
Athéna
Alexiarès
Anicétos
Antéros
Hédoné
Alcmène*
Héraclès*
Hébé*
Phobos
Danaé
Persée*
Minotaure
Taureau
Deimos
Europe*
3 fils :
Rhadamanthe,
Sarpédon et
Pasiphaé*
Minos
Phèdre*
Harmonie
Sémélé
Ariane
Cadmos*
Dionysos
Aphrodite*
Nicaéa
3 fils
La lignée royale de Thèbes
Priape
Teléte
Io
Epaphos
Lybie*
Callisto
Arcas

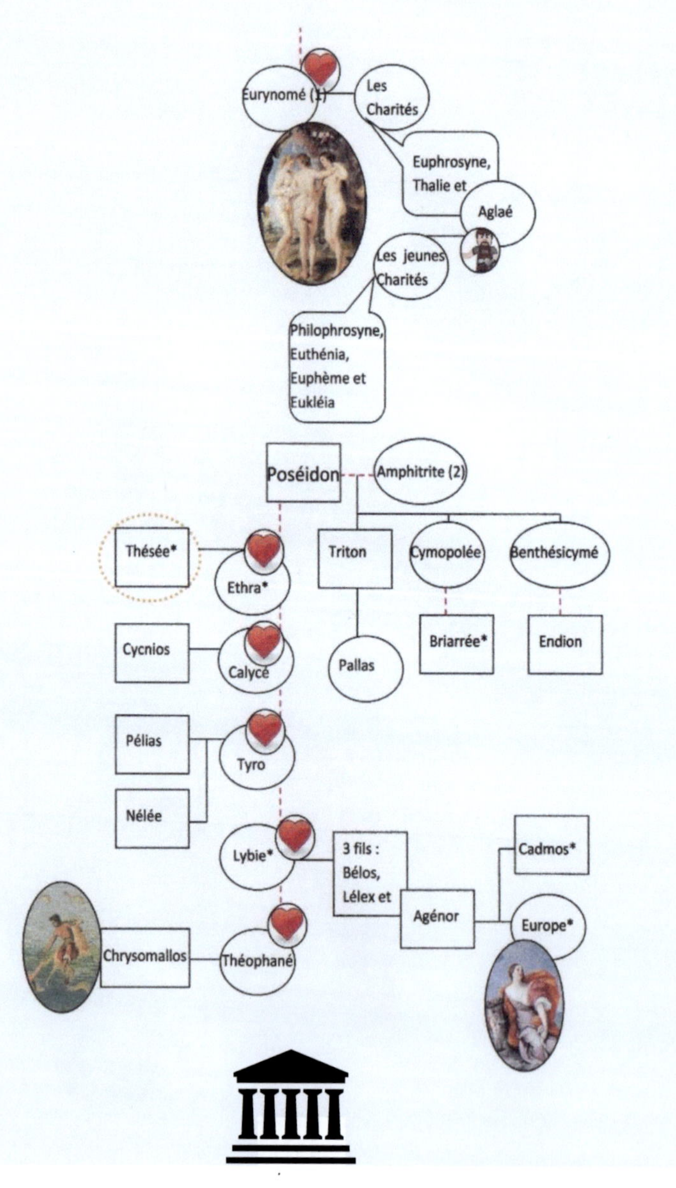

Eurynomé (1)
Les Charités
Euphrosyne, Thalie et
Aglaé
Les jeunes Charités
Philophrosyne, Euthénia, Euphème et Eukléia
Poséidon
Amphitrite (2)
Thésée*
Ethra*
Triton
Cymopolée
Benthésicymé
Cycnios
Calycé
Pallas
Briarrée*
Endion
Pélias
Tyro
Nélée
Lybie*
3 fils : Bélos, Lélex et
Agénor
Cadmos*
Europe*
Chrysomallos
Théophané

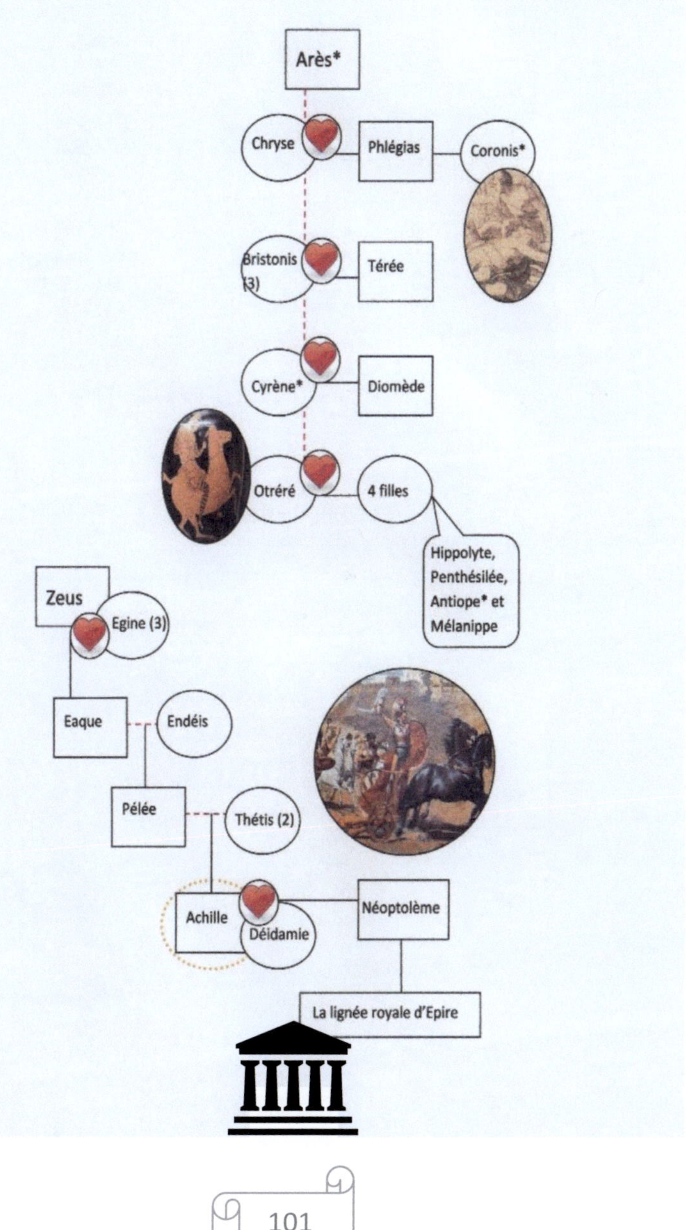

Arès*
Chryse
Phlégias
Coronis*
Bristonis (3)
Térée
Cyrène*
Diomède
Otréré
4 filles
Hippolyte, Penthésilée, Antiope* et Mélanippe
Zeus
Egine (3)
Eaque
Endéis
Pélée
Thétis (2)
Achille
Déidamie
Néoptolème
La lignée royale d'Epire

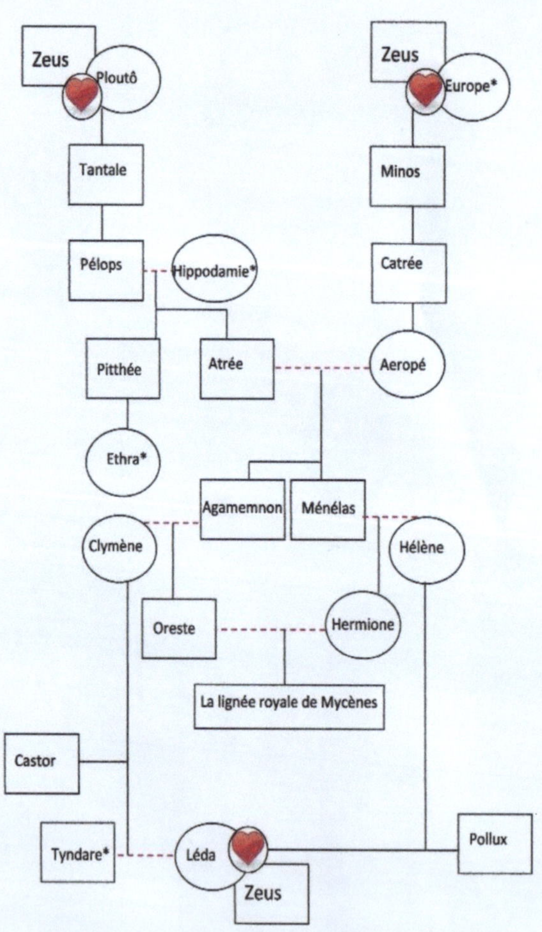

Zeus
Ploutô
Tantale
Pélops
Hippodamie*
Pitthée
Atrée
Aeropé
Ethra*
Agamemnon
Ménélas
Hélène
Clymène
Oreste
Hermione
La lignée royale de Mycènes
Zeus
Europe*
Minos
Catrée
Castor
Tyndare*
Léda
Zeus
Pollux

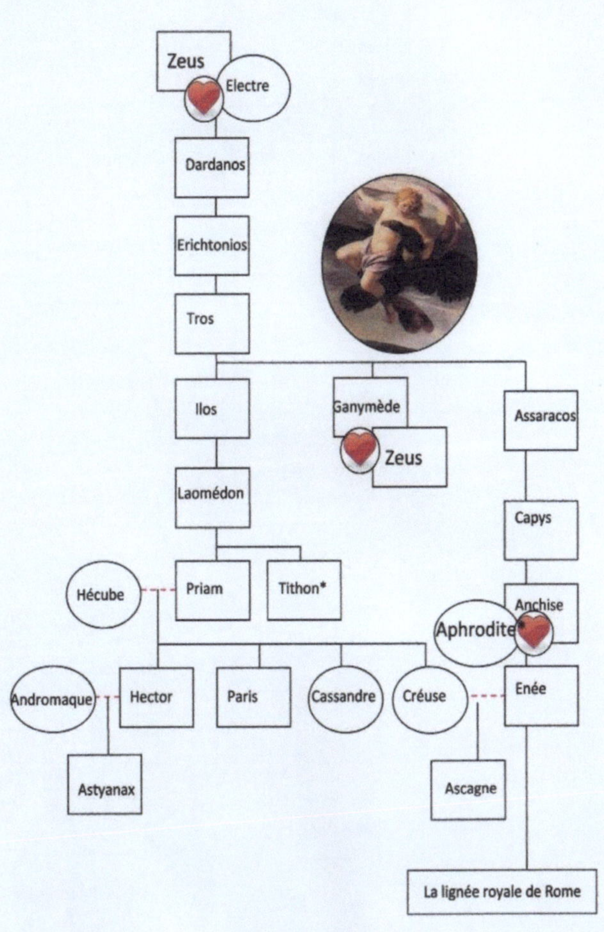

Zeus
Electre
Dardanos
Erichtonios
Tros
Ilos
Ganymède
Zeus
Assaracos
Laomédon
Capys
Hécube
Priam
Tithon*
Anchise
Aphrodite
Andromaque
Hector
Paris
Cassandre
Créuse
Enée
Astyanax
Ascagne
La lignée royale de Rome

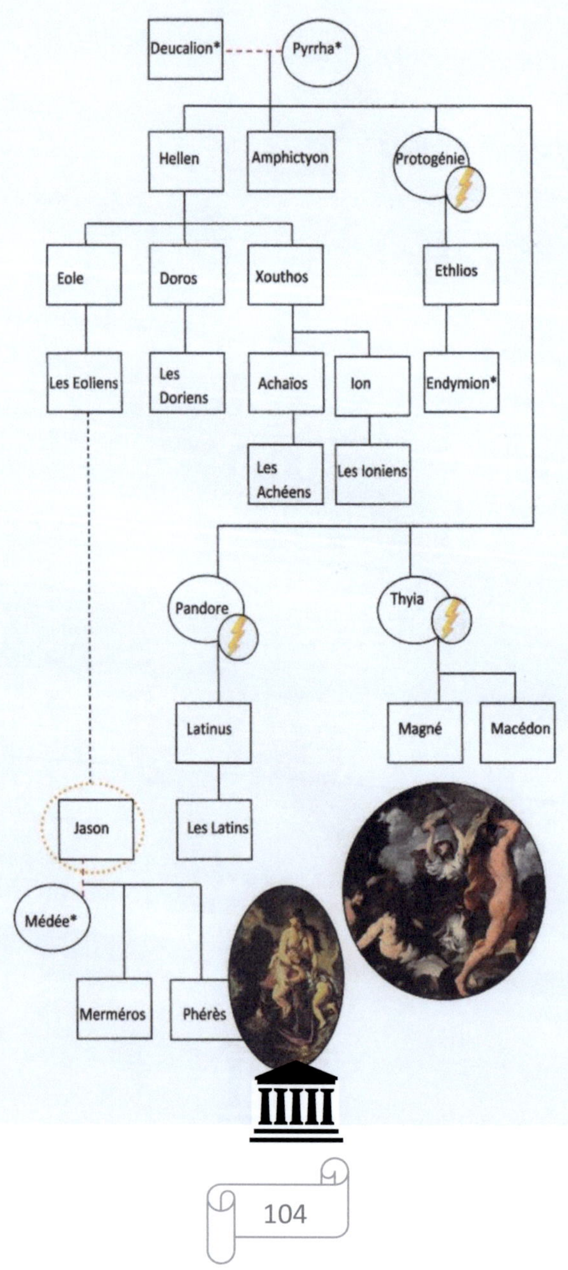

Deucalion*
Pyrrha*
Hellen
Amphictyon
Protogénie
Eole
Doros
Xouthos
Ethlios
Les Eoliens
Les Doriens
Achaïos
Ion
Endymion*
Les Achéens
Les Ioniens
Pandore
Thyia
Latinus
Magné
Macédon
Jason
Les Latins
Médée*
Merméros
Phérès

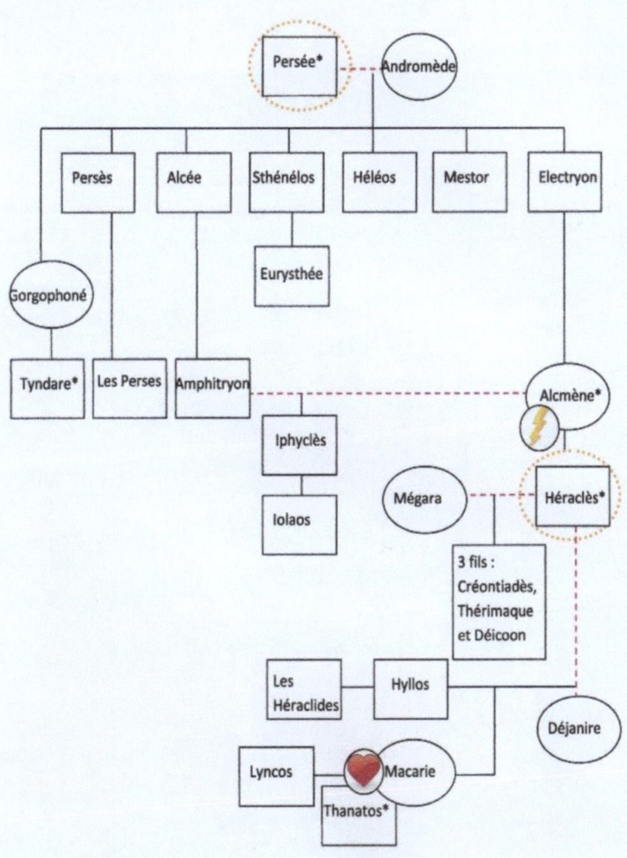

Persée*
Andromède
Persès
Alcée
Sthénélos
Héléos
Mestor
Electryon
Eurysthée
Gorgophoné
Tyndare*
Les Perses
Amphitryon
Alcmène*
Iphyclès
Mégara
Héraclès*
Iolaos
3 fils :
Créontiadès,
Thérimaque
et Déicoon
Les
Héraclides
Hyllos
Déjanire
Lyncos
Macarie
Thanatos*

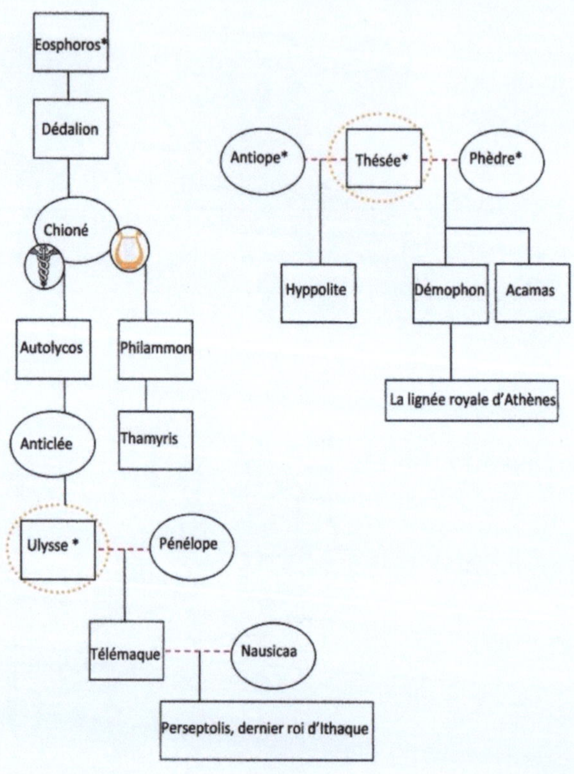

Eosphoros*
Dédalion
Antiope*
Thésée*
Phèdre*
Chioné
Hyppolite
Démophon
Acamas
Autolycos
Philammon
La lignée royale d'Athènes
Anticlée
Thamyris
Ulysse *
Pénélope
Télémaque
Nausicaa
Perseptolis, dernier roi d'Ithaque

Ce livre est mon interprétation des différents ouvrages en rapport avec la mythologie grecque, j'espère qu'il pourra apporter une meilleure connaissance de cette brillante mythologie (très complexe), et au mieux vous la faire découvrir.

Julia, une Helléniste convaincue.*

L'hellénisme en tant que religion moderne est la résurgence contemporaine de la religion grecque antique, *interdite par l'empereur* Théodose *en 392 et 393. Il se nomme aussi Hellenismós (nom choisi par l'*empereur Julien *au IVe siècle pour désigner le* paganisme *gréco-romain face au* christianisme*), « Religion grecque » ou « paganisme hellénique », parfois « Culte des Douze Dieux »* (de l'Olympe*) — en* grec *Dodekatheismós.*

Elle se base sur la vénération des dieux grecs et s'intègre dans la mouvance du néopaganisme, *pouvant être accompagnée d'autres pratiques comme la célébration des fêtes occidentale, la* sorcellerie *ou d'autres pratiques spirituelles,* ésotériques *ou* occultes.